명동 뻐꾸기

시조사랑시인선 31

김흥열 시조집

명동 뻐꾸기

열린출판

명동 뻐꾸기

1판 1쇄 발행 2022년 12월 20일

지은이 | 김 흥 열
펴낸곳 | 열린출판
등록 | 제 307-2019-14호
주소 | 서울특별시 서대문구 통일로 48길 13, 201호
전화 | 02-6953-0442
팩스 | 02-6455-5795
전자우편 | open2019@daum.net
디자인 | SEED디자인
인쇄 | 삼양프로세스

ⓒ 김흥열, 2022
ISBN 979-11-91201-34-5 03810

*책값은 뒤표지에 표시되어 있습니다.
*저자와 협의하여 인지를 생략합니다.

■ 시인의 말

 몇 년간 써둔 졸작을 모아 10번째 시조집을 엮는다. 역시 부끄럽고 두려움은 첫 작품집을 낼 때와 조금도 다르지 않다. 하지만 어떤 평을 받을까 하는 설렘도 있다. 그렇다고 버릴 수도 없고 그냥 두자니 할 일을 안 하는 것 같기도 하고, 하여 소 작품집을 내기로 했다. 고시조의 정체성을 최대한 살려내려 애는 썼으나 역시 역량 부족임을 실토하지 않을 수 없다. 시조의 첫째 가치는 정체성을 지켜내는 데 있다. 이것을 무시한 작품은 시조가 아니다. 시조를 흉내 낸 넋두리에 지나지 않는다. 진정한 현대시의 얼굴도 아니며 전통 시조의 얼굴도 아닌 어정쩡한 작품을 독자들은 어떻게 평할까 하는 걱정을 하지 않을 수 없다.

 시조 작품은 외적 형식만 중요한 게 아니라 문장의 짜임새가 더 중요하다고 생각한다. 수려秀麗한 언어로 야무지게 짜인 시조는 우리의 자랑거리로 인류의 문화유산으로 등재되어 마땅하다. 그러나 시조 문단에서 아직도 하나의 통일된 규범을 만들지 못하고 중구난방 식으로 작품을 생산하는 것은 분명 문제가 있다고 본다. 한국시조협회 회원만이라도 시조의 얼이 살아있는 작품을 생산하기 바랄 뿐이다.

 독자 여러분의 많은 질책과 조언을 기다린다.

2022년 11월 상순
남현동南峴洞 우거寓居에서 저자著者 씀

■ 차례

■ 시인의 말 ······················· 5

1부 별로 뜨는 그리움

사모思慕 ···························· 15
시조창 ···························· 16
백목련 ···························· 17
꽃의 노래 ························· 18
윤중로에서 ······················· 19
어느 봄날 ························· 20
오지인奧地人의 삶 ················· 21
바위틈 진달래 ···················· 22
회상 ······························ 23
여름 산새 ························· 24
은하 ······························ 25
"우리"의 미학 ···················· 26
포성을 먹든 아이 ················· 27
눈이 내리면 ······················ 28
꽃다지 ···························· 29
백도라지 ·························· 30
다시 찾은 길상사 ················· 31
폭염 ······························ 32
홍매화 ···························· 33
함박눈 오는 날 ··················· 34

입동 立冬 ·· 35
달밤에 ·· 36
윤중로 거미 ··· 37
벚꽃 ·· 38
삶 ··· 39
파사성에서 ·· 40
목욕을 하며 ··· 41
아버지 ·· 42
벌초하던 날 ··· 43
청포도 ·· 44
『시조시학』을 읽으며 ···························· 45
시객詩客 ··· 46

2부 바람의 언덕에서

영금정靈琴亭의 아침 ······························ 49
권금성에서 ·· 50
바람의 언덕/삼양목장 ···························· 51
월정사에서 ·· 52
관악산의 봄 ··· 53
관악산 산나리 ·· 54
관악산의 여름 ·· 55
관악의 여름밤 ·· 56
관악산 7월 ··· 57
관악산의 가을 ·· 58

마당바위 가을산 ··· 59
관악산의 겨울 ·· 60
비무장 지대 6월 ··· 61
고로쇠나무 ··· 62
겨울 산 ·· 63
우수에 ·· 64
천락天樂 ·· 65
처서에 ·· 66
검버섯 ·· 67
바위 ··· 68
창을 열면 ··· 69
가을 ·· 70
낙조 落照 ·· 71
가뭄 ·· 72
관악 단풍 ··· 73
무당거미 ··· 74

3부 돋보기로 보는 세상

여의나루 겨울 풍경 ······································ 77
요즘 연평도 ·· 78
내곡동 ··· 79
언총言塚에서 ·· 80
고목 무너지다 ·· 81
잡목 ··· 82

업장業障	83
청문회	84
화해	85
우박	86
제야除夜에	87
길을 가다가	88
입춘 무렵	89
설연화 雪蓮花	90
여정女貞의 꽃	91
백로白露에	92
단풍·1	93
4·19 묘지에서	94
망월동 묘지	95
광대	96
벌통 앞에서	97
유기견	98
팽이의 임무	99
가식假飾	100
농번기 農繁期	101
미련	102
답답한 날	103
명분 없는 전쟁	104

4부 꿈을 먹는 명동 뻐꾸기

명동 뻐꾸기 ·········· 107
풀꽃의 노래 ·········· 108
민초·1 ·········· 109
5월은 푸르구나 ·········· 110
허수아비 ·········· 111
날벼락 ·········· 112
목격 ·········· 113
임인년 경칩절 壬寅年 驚蟄節 ·········· 114
어느 대화 ·········· 115
노숙 ·········· 116
봄을 만나다 ·········· 117
눈 내리는 관악산 ·········· 118
무료無聊한 날 ·········· 119
유조留鳥가 떠난 산장 ·········· 120
망각의 계절 ·········· 121
다시 맞는 6·25 ·········· 122
판문점 회담 5년 후 ·········· 123
백마고지 유해 발굴 현장 ·········· 124
민초·2 ·········· 125
발왕산 탐방기 ·········· 126
설악동에서 ·········· 127
새벽을 깨우며 ·········· 128
겉과 속 ·········· 129

현장 취재 ………………………………………… 130
우크라이나 ……………………………………… 131
홍수 ……………………………………………… 132
생존권 …………………………………………… 133
고향에서 ………………………………………… 134
뿌리 ……………………………………………… 135

1부 별로 뜨는 그리움

사모思慕

봄꽃이 산하 가득
다투어 피어나도

임 떠난 이원梨苑에는 봄기운이 돌지 않아

사향師香에
젖은 가지만 봄바람에 흔들린다.

*일상一常을 그리며

시조창

곱게 물든 말마디를
가얏고에 올려두면

심중에 품은 정이
달빛처럼 흘러나와

애절한
열두 고개를 숨 멎을 듯 넘어간다.

백목련

오련한 유백乳白으로
미소를 머금은 채

가야금 줄을 뜯는 신라의 섬섬옥수纖纖玉手

천 년 전
향가鄕歌에 실려 흰나비로 앉아 있다.

꽃의 노래

바람에 맞서가며
제 한철 살던 얘기

작은 주머니에 보석처럼 담으련듯

오늘도
봄볕에 나와 벌 나비를 유혹한다.

윤중로에서

사월에도 어느 해[年]엔 폭설이 쏟아지며

벚나무 가지마다 눈꽃으로 앉았다가

강바람 불어오는 날 눈 시리게 춤을 춘다.

*윤중로: 여의도 벚꽃 길

어느 봄날

고적한 외딴 집에
바람이 혼자 놀다

슬며시 떠난 자리
봄볕만 가득 고여

흙덩이
밀어 올리는 아우성을 듣는다.

오지인奧地人의 삶

깊은 골 외딴 집은
적요寂寥로 가득해도

오솔길 길게 늘여 세상 한 쪽 매어두면

객 바람 이따금 들려
저잣얘길 놓고 간다.

바위틈 진달래

겨우내 달군 지심至心
바위틈을 쩍 가르고

봄 처녀 지나는 길
꽃등을 내다 걸면

멧새도
마음이 달떠 한나절을 젖는다.

회상

먼 유년 끌어다가 눈앞에 펼쳐보면

산과 들로 쏘다니며 뛰놀던 철부지가

하얗게 내린 서리를 가을볕에 쐬여본다.

여름 산새

산이 좋아 산이 좋아 청산에 사는 새는

목청도 물이 들어 소리조차 새파랗다.

바람은 녹음을 찍어 시 한 수를 읊어대고.

은하

이른 봄 뿌린 꽃씨
봄바람 타고 올라

환상의 밤하늘에 별꽃으로 피어나면

동화 속
어린왕자도 꽃구경을 나오겠다.

*작품은 2023년 봄에 쏘아 올린 "Space X"에 실린 글
 미국 Ellen Musk가 주도한 우주선

"우리"의 미학

빛나는 별 하나는 혼자라서 외롭지만

여럿이 함께하면 별자리가 생겨나서

칠흑 속 밤하늘마저 아름답게 꾸민다.

포성을 먹든 아이

해묵은 앨범 속에
빛바랜 사진 한 장

야생野生을 다스리는 들꽃이 되려는지

눈에는
샛별을 띄워 먹빛 어둠 털고 있다.

눈이 내리면

함박눈이 오늘처럼
쏟아지는 날이 되면

먼먼 세월 돌고 돌아
찾아온 기억들이

우우우, 산토끼 몰던
친구들을 불러낸다.

꽃다지

돌 지난 어린애가
실눈을 곱게 뜨고

양지쪽에 혼자 나와
소꿉장난 하고 있다.

봄볕에
고운 미소가 흩어지던 어느 봄날.

백도라지

은하수 툭 쳐내어
산골짝에 내버렸나

무수한 별무리가
자락마다 피어나서

햇살에
반짝거리며 별천지別天地를 보여준다.

다시 찾은 길상사

천억도 검불처럼 내던진 길상사에

백석 시 한 줄 들고 다시 핀 길상화가

오잖는 임을 맞으려 바람결에 나와 섰다.

폭염

바람도 숲에 누워
꼼짝 않는 미시未時경頃에

더위 먹은 나무들이
넋 놓은 듯 늘어지면

매미는
산을 떠메고 폭염 바다 건너간다.

홍매화

꽃봉오리 눈뜨면서
칼바람에 시달려도

겨우내 달군 여심
붉게붉게 내다걸고

날 밝자
환한 미소로 봄 햇살을 맞는다.

함박눈 오는 날

한천의 밤하늘은
칠흑빛 세상인데

백장미가 축복처럼
온 산하에 가득핀다.

누굴까, 하늘에 올라 장미 밭을 가꾼 이는.

입동 立冬

초동初冬의 으름장에
굴종하는 청엽이여

짙푸르던 지난여름
배신으로 보답하나.

노송은
되새겨 본다, 죽음보다 더한 변절.

달밤에

들창에 올라앉은
귀뚜라미 한 마리가

달빛을 튕겨가며 한 곡조 뽑아내면

풋사랑 댕기머리가 유리창에 아른댄다.

윤중로 거미

투명한 덫을 놓고
벚꽃피길 기다리며

남의 실수 먹고사는
백주의 사기꾼이

가끔씩
들통이 나면 철면피로 변신한다.

벚꽃

지난겨울 내린 눈이 봄볕에 싹을 틔워

벚나무 가지마다 오월로 앉았다가

하르르 바람을 타고 봄 나비로 환생한다.

삶

갈라진 암벽 틈에 터를 잡은 진달래가

꽃물결 넘실대는 옆집이 부러운 듯

가뭄 든 봄날을 들고 빈 하늘을 들쑤신다.

파사성에서

토실한 알밤들이 툭툭 지는 어느 가을

불타는 시심으로 찾아간 파사성에

전설로 뿌리를 내린 돌이끼만 날 반긴다.

*파사성: 여주시 대신면 천서리에 있는 시라시대 성곽

목욕을 하며

기름을 뒤집어 쓴
태안반도 갈매긴가

허물어진 몸뚱이를
탕 안에다 담가두고

온종일
때를 불린다, 뼈 속까지 불군다.

아버지

기억에도 현실에도
아버지는 빈칸이다.

눈물로 물어봐도 응답 없는 메아리라

지금도
짙푸른 모정만 내 맘속에 무성하다.

벌초하던 날

황엽이 지는 소리
가슴에 품으시고

풀벌레 아픈 사연 빗돌에 심으시며

오늘도
이르시는 말씀 '옳은 길을 가는 거다'.

청포도

햇살도 비바람도
알알이 담아두면

청포도 송이마다
칠월은 곱게 익어

전설이 담긴 쟁반에
이육사가 얼비친다.

*이육사의 "청포도"에서 일부 차용.

『시조시학』을 읽으며

『시조시학』 갈피마다
배어 있는 임의 숨결

손끝에 닿는 순간
가슴이 벅차올라

지심知心에 흠뻑 젖는다, 봄 햇살에 싹이 튼다.

시객詩客

선유 봉 바위서리
터 잡은 어린 솔을

집으로 데리고 와 분盆집 한 칸 내어주면

솔바람
푸른 향기에 산새들도 올듯하다.

*선유봉: 관악산 중턱에 있는 작은 바위산. 작은 샘물 선유천
 이 있음

2부 바람의 언덕에서

영금정靈琴亭의 아침

동해의 음신音神들이
파도를 곱게 깎아

옥소리로 빚어내서
동굴 가득 채워두면

수천에 불새 한 마리
빛을 물고 치솟는다.

*영금정: 속초시에 있는 유적지

권금성에서

쌓아 올린 돌 축대에 짙은 안개 둘러치고

육백년 무학송舞鶴松이 반야경을 내다걸면

암자에 작은 스님이 도솔천을 두드린다.

*권금성: 속초시 설악동에 있는 고려시대의 산성

바람의 언덕
삼양목장

천 개의 골바람이 언덕으로 몰려나와

하늘을 당겨 감네, 풍차를 돌려가며

구름은 잡히지 않으려 산마루로 달아나고

*바람의 언덕: 강원도 평창에 있는 삼양목장의 별칭

월정사에서

태態 없는 계곡물이 금강경을 따라 하면

산바람도 내려와서 전목 숲을 거닐다가

해탈교 건너자마자 굴레 벗은 꽃이 된다.

*월정사: 평창군 진부면 오대산五臺山에 있는 신라의 승려 자장율사가 창건한 사찰

관악산의 봄

관악산 곤줄박이 창천蒼天 깊이 날아가서

물고 온 봄 햇살을 자락마다 뿌려두면

통통히 살 오른 철쭉이 꽃 미소를 터뜨린다.

관악산 산나리

올해도 어김없이
녹슨 철망 기대서서

이념을 되씹으며
통곡으로 피는 나리

군부대
사격 소리에 울렁증이 도진다.

관악산의 여름

산이 빚은 초록 바다 그 파도를 타고 가면

계절 따라 피고 지는 푸나무가 말을 걸며

초연히 살아가란다, 바람 따라 물 따라.

관악의 여름밤

계속된 봄 가뭄에
은하수는 사라지고

숨 막히는 미세먼지
골골마다 가득 차서

관악산
밤하늘에는 별들조차 숨어 뜬다.

관악산 7월

관악산 하늘가로
낮달이 놀러 오면

바람의 딸 놀던 골엔
대낮에도 별이 떠서

청산은 저 홀로 취해
다가가도 모른다.

관악산의 가을

황갈색 옷을 입은 홍위병 한 무리가

능선 타고 내려오며 변절을 강요해도

바위에 기댄 노송은 들은 체도 안 한다.

마당바위 가을산

청산도 칼 맞으면 핏빛으로 물이 드나

각혈이 묻어 있는 바위 서리 틈을 밟고

청솔도 목이 메어서 울먹울먹 서 있다.

*마당바위: 사당역에서 관악산 오르는 길에 있는 넓은 바위

관악산의 겨울

갈등으로 멍든 산을 태초로 되돌리려

패여 나간 등줄기를 폭설로 뒤덮으면

지심地心은 겨울을 태워 오는 봄을 준비한다.

비무장 지대 6월

이념의 벽에 갇혀 태고를 살아가며

한 맺힌 전우가를 여름 내내 뽑아낼 듯

철조망 기댄 산나리 쌍나팔을 내 건다.

고로쇠나무

해마다 입춘 때면
수술칼을 들이대고

생살을 도려내며
하얀 피 뽑아 갈 때

비명이 산사태 져도 문명들은 못 듣는다.

겨울 산

무성한 여름으로
썩은 속을 가렸으나

겨울이 되자마자
그 속내가 드러나듯

권력도
저와 같아서 내려올 때 봐야 한다.

우수에

우수에 내리는 비
알알이 싹이 터서

푸른 잎도 그려 넣고 고운 꽃도 그려가며

너와 나
사랑을 엮어 시 한 수를 짓는다.

천락天樂

컴퓨터 앞에 앉아
초가 한 채 지으려고

좌판을 두드려도
설계도가 안 나온다

허공에
흰 구름 불러 유람이나 가야겠다.

처서에

말라가는 황엽처럼
달빛이 파리한 밤

귀뚜리가 기타 들고
창가로 다가와서

허전한
마음 자락을 한밤 내내 썰고 있다.

검버섯

지난밤 그림 신이 묵화를 치고 갔나

떨어진 먹물에서 싹을 틔운 저승꽃이

손등에 뿌리를 박고 떠날 줄을 모른다.

바위

눈과 귀 닫아두고
하늘 한쪽 이고 앉아

바람이 흔들어도
꿈쩍 않는 성자이다.

가끔씩
세속의 때를 천수 뿌려 닦아내며.

창을 열면

아침에 창을 열면
산이 빚은 정원에서

귀 익은 새소리에
풀꽃 향이 섞여 온다.

산 너머
남촌마을엔 아침놀이 타오르고.

가을

죽음도 가을이면
축제를 벌이는지

연주대 법당에서
바라춤이 펄럭이면

산마다
만장의 깃발 함성처럼 내꽂는다.

낙조 落照

파도에 목이 찔려
피를 쏟는 불사조가

하늘 반을 물들이며 어둠으로 끌려갈 때

바다에
떨군 깃털이 금 비늘로 떠다닌다.

가뭄

반 바가지 물만 남은
저수지 밑바닥에

파란 하늘 들여놓고 비구름을 기다려도

입 벌린
아귀 지옥은 민초들만 옥죄인다.

관악 단풍

햇살에 반짝이며 꿈을 먹던 청엽들이

추풍의 선동으로 빨갛게 물이 든 채

변절이 무슨 죄냐며 붉은 기를 내꽂는다.

무당거미

생가지 얽어매어
날조로 덫을 짠다.

음흉한 그 속셈을
투명하게 걸어놓고

대박을
터뜨릴 꿈으로 하루해를 다 보낸다.

3부 돋보기로 보는 세상

여의나루 겨울 풍경

들끓는 욕망들로
잠 못 드는 여의 강물

소한에도 얼지 못해
파문을 일으키며

설한풍
휘몰아쳐도 눈도 깜짝 안 한다.

요즘 연평도

별빛으로 불을 밝힌 연평도 앞바다에

촛불은 잠이 들고 조명탄은 지레 죽고

어기차 헛소리꾼만 밤바다를 누빈다.

내곡동

생떼 집 담을 잡고 억지로 피는 목련

삼일도 채 안 되어 땅바닥에 나뒹굴다

오가는 발길에 치어 오는 봄을 다 망친다.

언총言塚에서

말로써 말이 많아 고약한 말 싹 다 묻고

다시는 이 세상을 더럽히지 말랐는데

어느새
포자胞子는 또 나와 여의도를 기웃댄다.

*언총: 경북 예천군 지보면 대죽리 156-1

고목 무너지다

권력의 줄을 쥐고
향유하던 푸른 세력

호접몽胡蝶夢을 벗어나서 제자리로 돌아간다.

천둥이
먹구름 속에서 지난밤을 못 자더니.

잡목

곁가지 많은 나무
바람에 휘둘려서

제 주장 한번 없이
잡목으로 늙어가네

윤중로
벚꽃나무는 겉보기만 화려하다.

업장 業障

좌우로 편을 가른
극성맞은 잡초들이

벌떼처럼 몰려들어
날마다 굿을 친다.

시위도
양념이라며 온갖 야만 키우더니.

청문회

화려하게 차려입고
봄볕으로 나온 꽃들

내로남불 세상에선 일상도 흠이 되어

한가득
먼지만 쓴 채 제 빛깔을 잃는다.

화해
-남북관계

원수도 사랑하란
그 말씀 생각나서

마음을 크게 먹고
걸린 빗장 두드려도

비집을
틈을 못 찾아 헛기침만 들고 온다.

우박

화가 치밀었나, 빙탄氷彈을 퍼부으며

어둠의 세력들을
단번에 박살 낼 듯

뇌성이 혼을 뺏는다, 자명고가 찢어진다.

제야除夜에

마지막 달력 한 장
뜯어내기 아쉬워서

하루를 묵혔어도
세월은 멎지 않네.

신력新曆에
밀려난 구력舊曆 일월순천日月順天 뜻을 산다.

길을 가다가

삼동에 길을 가다 깡통을 발견하고

염치廉恥가 눈을 떠서 슬며시 다가서면

어느새 이이李珥가 와서 터진 손을 잡고 있다.

입춘 무렵

봄볕이 고여 있는
양지쪽 잡풀들이

좋은 자리 차지하려 우르르 몰려나와

저마다
꽃등을 들고 봄 축제를 벌인다.

설연화 雪蓮花
-복수초

칼바람에 맞서 싸운
민주화 투사처럼

잔설을 밟고 서서
호탕하게 웃으면서

앗긴 봄
되찾았노라 온 산하에 알린다.

여정女貞의 꽃

쥐똥이란 프레임을
느닷없이 씌워가며

날조된 이름자를
백주에 내걸어도

벽으로 막힌 세상은 듣도 보도 못한다.

백로白露에

빛바랜 매미 소리
잦아든 숲속에서

뭉크의 절규 같은 비명을 바라본다.

풀잎에
백로무리가 떼를 지어 내리던 날.

단풍 · 1

이념에 물이 들어
제 색깔을 버렸는가

햇살에 반짝이며
짙푸르던 잎새들이

암벽에 변절을 꽂고 얼굴 붉혀 서 있다.

4·19 묘지에서

울분도 최루탄도
이끼 되어 누운 자리

비틀댄 한 시대를 비석碑石마다 뼈에 새겨

청엽은
불타던 사월을 생생하게 증언한다.

망월동 묘지

오월에 뿌린 피는 아직도 흙이 못돼

서천을 불태우려 노을로 다시 떴나

거룩한 묘지 묘지에 서린 얼이 눈부시다.

광대

음흉한 탈을 쓰고 우쭐대는 광대 하나

해괴한 입을 놀려 세상을 조롱하며

가슴에 벼려둔 칼을 제멋대로 휘두른다.

벌통 앞에서

말벌 한 마리가 느닷없이 쳐들어 와

선한 꿀벌들을 물어 죽인 벌통 아래

미친 꿈 나뒹굴고 있다, 돈바스의 전선戰線처럼.

*돈바스 전선: 러시아와 국경을 맞대고 있는 우크라이나 최동부 도시

유기견

거품을 입에 물고 짖어대는 잡견 하나

오팔팔 뒷골목을 일상처럼 쏘다니다

분구가 발에 채였을 뿐 무슨 죄냐 펄펄 뛴다.

팽이의 임무

맞으면 맞을수록
신바람 일으키며

많은 이가 즐기도록
팽팽 도는 이 고통은

당신이
저에게 주신 단 하나의 사랑입니다.

가식假飾

날빛에 돋은 핏줄
사혈詐血이 돌고 있나,

입으로 입으로는
민생을 걱정한다.

민초는
슬픈 자유인 어느 세월 꽃이 필까.

농번기 農繁期

등뼈가 휘는 소리
집집마다 새 나오고

찢어진 살갗들은 논밭으로 떠다닌다.

헛간에
몽당호미도 손이 닳는 삼월이면.

미련

바람은 안 불어도
잎새는 떨어지고

아침에 피인 꽃도
저녁이면 시드는데

단명한
꽃대를 들고 뜬구름을 치받는다.

답답한 날

바람도 지쳐 누운
관악산 숲속에서

절규를 물어다가 눈물 적셔 흩뿌리며

한나절
기울어지도록 산비둘기 홀로 우네.

명분 없는 전쟁

통곡마저 허물어진
잔해殘骸 더미 파헤치며

숨소리를 찾으려고 두 귀를 키우다가

아낙은 절망을 본다,
온 하늘이 무너지는.

*러시아·우크라이나 전쟁을 보며

4부 꿈을 먹는 명동 뻐꾸기

명동 뻐꾸기

해마다 오던 봄이
발을 끊은 명동거리

북새통 이룬 철새 썰물처럼 빠져가도

빈 둥지
지키려는 미련未練 종탑보다 간절하다.

성당의 종소리가
짙푸른 저녁나절

땅거미가 스멀대는
뒷골목을 배회하다

허탕 친
하루를 물고 제집으로 날아간다.

풀꽃의 노래

각성바지 모여 사는 풀숲에다 터를 잡고
바람 불면 부는 대로 제 한철 노래하며
한 줌 땅 차지했어도 그 행복은 만평이다.

거친 세상 맞서가며 숨 막히게 살아가도
가난을 녹여 만든 꽃 잔을 추켜들고
새천년 꿈꿔가면서 한 우주를 지어낸다.

동살을 곱게 엮어 시 한 편을 쓰고 나면
가슴마다 저 하늘이 푸르게 들어와서
알알이 보석이 되어 오색으로 빛난다.

민초 · 1

춘분이 되자마자 길 한쪽을 점령하고
일조권 주장하며 시위하는 민들레가
저 홀로 투쟁을 하며 하루해를 다 보낸다.

보도블록 깔고 앉아 고층빌딩 맞선 결기
일촉즉발 긴장으로 휩싸인 정오 무렵
퍼붓듯 소나기 내려 그 열기를 식힌다.

길 위에 떨친 위세 짓밟혀 무너져도
의지는 추상같아 꺾일 줄 몰랐는데
어느 날 청녀靑女가 와서 한 집 살림 차리잔다.

대를 이은 천덕구니 올봄에도 다시 와서
설움이 묻은 깃발[旗] 담벼락에 기대 두고
절절한 묵언의 절규 저녁놀에 불사른다.

5월은 푸르구나

보신각 신神의 종鐘이
서른세 번 울자마자

그믐에도 뜨던 달은 한순간 사라지고

용산龍山에 서기가 서린다, 온 누리를 비추려나.

북새통 속 잡새무리
떠나간 여의 벌에

느닷없는 꽃 무지개
대낮에 나타나서

오월을
푸르게 꾸민다, 오색 꿈이 달린다.

허수아비

철 지난 낡은 옷을
관복인 양 걸쳐 입고

눈알을 부라리며
허세를 부려 봐도

참새는 이미 다 안다, 영혼 없는 존재란 걸.

너덜대는 맥고자麥藁子도
처음 쓰는 감투라서

권력 줄 끊어질까
끈을 당겨 눌러 쓰고

저 홀로 눈물겹도록 찬 서리를 맞는다.

날벼락

코로나에 쫓긴 보살 공원으로 피신 와서
끌고 온 집 그늘은 평상에 뉘어두고
파삭한 꽃 대궁에서 지난봄을 찾는다.

마스크로 입을 막아 말 섞기를 거부한 채
통곡의 벽에 갇혀 한숨을 쌓다가도
가끔씩 핸드폰 열어 벨소리를 만져본다.

바둑판에 생을 건 듯 몰두하는 노선老仙들이
가끔씩 눈[目]을 던져 미소까지 뿌리지만
얼굴에 낀 먹구름은 벽화처럼 굳어 있다.

뜬소문만 무성해진 환상의 마을에서
처방전 들고 뛰는 귀암龜巖은 볼 수 없나
경각에 내몰린 구급차 빈 하늘을 또 찢는다.

*귀암:『동의보감』을 쓴 명의 허준의 호

목격

세종로 네거리에 벌금을 입에 물고
버둥대던 참새들이 창백하게 죽어 갈쯤
입 봉한 비둘기들이 전광판을 읽고 있다.

포졸이 관을 들고 주섬주섬 담는 동안
자살이냐 타살이냐 논쟁하던 까막까치
결단코 제 탓 아니라며 사체 부검 맡기잔다.

임인년 경칩절 壬寅年 驚蟄節

경칩을 앞에 두고
좌우로 편을 갈라

입을 뗀 개구리들 영역 다툼 치열하다.

지상紙上은
실황중계에 뜬눈으로 밤새우고.

미물이 사는 곳도
불공정不公正이 판을 치나

생계生計를 책임지는 순리順理가 사라져서

땅풀림
되기도 전에 목숨 걸고 싸운다.

어느 대화
-소유와 무소유

1) 달팽이
욕심이 만든 업장 천근의 집을 진 채
휘청대는 풀잎 위를 아슬아슬 기어가도
나에겐 큰 축복이다, 집 한 채가 있으니까.

2) 민달팽이
전생에 지은 업장 이생까지 끌고 와서
알몸으로 가시밭길 기는 고통 극심해도
나에겐 큰 기쁨이다, 무소유로 사니까.

노숙
-방치된 자전거

사당역 육 번 출구 자전거 거치대에

남루한 형색으로 노쇠한 몸을 끌고

가로등 불빛 아래서 함박눈을 껴입는다.

은륜을 뽐내면서 번개처럼 달린 이력

훈장인 듯 화려하게 계기판에 번쩍여도

어긋난 뼈마디마다 아픔들이 줄줄 샌다.

봄을 만나다

1)
경칩을 보내놓고 다시 찾은 관악산에
겨우내 쌓인 한기寒氣 봄바람에 털어가며
입 가득 꽃 봄을 물고 박새들이 종종 난다.

2)
봄볕을 가득 안고 모롱이를 도는 중에
진달래 봉오리가 문을 빠끔 열고 나와
봄 햇살 향기를 맡다가 그만 들켜 빨갛다.

3)
햇살이 쏟아지는 산기슭 양지쪽에
봄 아씨 마중 나온 개암나무 수렴 꽃은
갓 꺼낸 왕관이던가, 순금 빛이 눈부시다.

눈 내리는 관악산

말없이 떠난 임이 야속하기 그지없어
짙푸르게 차린 여름 홧김에 다 허물고
원죄로 물든 세상을 설국 속에 파묻는다.

비련悲戀의 산장에서 칼바람이 몰아친 날
한천寒天의 산까치가 인연을 끊지 못해
눈물 밴 아픔을 물고 베란다를 기웃댄다.

산철쭉 피고 지던 일상一常의 만평 정원
천근 침묵만이 켜켜이 쌓여 가면
바람도 갈피를 못 잡나, 눈밭 속을 갈팡댄다.

무료無聊한 날

창가에 달려 놀던
바람이 떠난 뒤에

베란다를 차지하고
한낮을 놀던 햇살

산마루
넘어가려나, 주섬주섬 짐을 싼다.

티비(TV)도 컴퓨터도
정신 줄을 놓았는지

온종일 입봉하고
눈길조차 안 주는데

때 없이
울리던 휴대폰 입도 벙긋 안 한다.

유조留鳥가 떠난 산장

신림동 산 번지에 오붓한 둥지 틀어
날마다 드나들던 산새가 떠난 아침
빈 둥지 주인을 잃고 가을비에 젖는다.

창문을 두드리는 빗줄기의 외침에도
고독마저 잠들었나, 고요만 수북하고
날아 온 단풍잎 하나 엽서인 듯 붙어 있다.

지나는 바람마저 그리움이 남았는지
그 자리를 빙빙 돌며 옛정을 더듬다가
떨어진 깃털 몇 개를 가슴 깊이 품는다.

망각의 계절

지난여름 꿈을 묻은
산자락을 못 떠나서

뼈만 남은 몸을 끌고
바람 맞선 꽃 대궁이

부러진 창 하나 들고 잡풀 밭에 기대섰다.

사람들 기억에서
이름 석 자 지워질까

두려움에 치를 떨며
풀숲에 나와 서서

뒤늦게 몸부림친다, 반 토막 난 가지 들고.

다시 맞는 6·25

철조망 기대서서 덧없는 꿈을 꾸며
한 송이 꽃을 들고 위로하는 금강초롱
한 많은 넋을 달랜다, 올여름도 어김없이.

빗발치는 총탄 앞에 어머니를 부르다가
피 묻은 손에 들려 흙이 된 사진 한 장
애절한 산나리꽃으로 얼룩얼룩 다시 핀다.

이 산하 지켜내려 끓는 피를 쏟아부어
찔레꽃 갈피마다 피인 넋이 눈부신 날
흰나빈 발길을 잡혀 해지도록 앉아 있다.

산 아래 군영에서 통곡하는 진혼곡이
심심深深한 계곡마다 메아리로 사태 지면
짝 잃은 산비둘기도 반나절을 울어댄다.

판문점 회담 5년 후

무술년 사월 봄날 판문점 산책로에
심장이 터질 듯이 뛰게 했던 오색 꿈은
얄팍한 속임수였나, 잡초들이 수런댄다.

지뢰를 깔고 앉아 겨운 피운 꽃이라며
사초를 쓰던 사관 손끝이 떨던 날을
봄볕도 외면을 했나, 설한풍舌寒風에 삭아간다.

환상의 꿈을 먹던 도보다리 저녁놀이
호수에 몸을 던져 한생을 마친 뒤로
허상에 물든 하늘엔 핵구름이 떠다닌다.

연락소 벽돌 조각 널브러진 폐허에서
시름을 먹고 자란 민들레의 전언 후로
판문각 심은 빗돌에 돌이끼가 웃자란다.

백마고지 유해 발굴 현장

포성이 겹겹 쌓여 산이 된 고지에서
풀뿌리에 휘감겼던 칠십 년이 눈을 뜬다.
총탄이 뚫고 간 유품을 증거물로 내놓으며.

철모에 묻은 피를 먹고 자란 산나리는
진군나팔 불고 있던 나팔수의 환생인가
비목에 몸을 기댄 채 쌍나팔을 내어 단다.

유월의 하늘 아래 분노는 사태 져도
순교자 유골마다 거룩한 얼은 살아
햇살에 눈을 뜨면서 전황戰況부터 묻고 있다.

한 떨기 금강초롱 피어나는 오전 내내
청상의 산비둘기 목 터지게 울어대면
청산도 따라서 운다, 문신 같은 탄흔彈痕으로.

민초 · 2

저지대 터를 잡고 대를 이어 사는 잡초
며칠째 내린 비로 황토 벌에 파묻혀서
궁핍한 살림살이를 온몸으로 끌안는다.

참담한 흙탕물에 통곡마저 쓸려간 뒤
뒤엉킨 잡동사니 틈 비집고 겨우 나와
또 하루 살아내려고 안간힘을 쏟아낸다.

각성바지 난민들이 모여든 폐허에서
가난을 끌어모아 눈물로 빚은 꽃을
햇볕에 겨우 내놓고 오색 꿈을 덧바른다.

발왕산 탐방기

수해樹海의 파도 속에 한 몸을 맡겨두면
골마다 달려오는 천 개의 산바람이
구름 속 하늘공원으로 날 데리고 들어간다.

옷에 묻은 세속의 때 털고 또 털어내도
짙은 안개 앞을 가려 신선은 볼 수 없다.
주목만 천년을 거슬러 날 만나러 와 있고.

하늘길 접어들어 천상으로 가는 길목
투명한 하늘 다리 발 아래가 아찔하다.
저승이 바로 저긴데 솟는 기쁨 웬일인가.

설악동에서

설악에 취한 구름
가던 발길 잠시 멈춰

절경을 바라보다 능선까지 내려와서

욕망에
짓밟힌 땅을 안개비로 닦아낸다.

신선이 사는 곳이
아마도 여길 텐데

내 죄업 너무 많아 등정을 불허하나

겹겹이
쌓인 운무가 가는 길을 막아선다.

새벽을 깨우며
-한국시조협회 인천지부 설립에 부쳐

창밖에 떨어지는 첫새벽 까치 소리
동살을 곱게 엮어 오색五色꽃을 피울 듯이
스치는 예감 하나가 햇살 받은 진주 같다.

민족의 푸른 얼이 꽃구름에 실려 와서
가슴마다 저 하늘이 푸르게 살아나면
이역 땅 피는 꽃들도 시절가로 물 들겠다.

백의白衣에 새긴 노래 삼장 육구 십이 소절
한 시대를 갈지자[之]로 건너온 결기처럼
온전히 이어받아서 별빛으로 빛낼지라.

겉과 속

샛노란 금싸라기
윤기가 잘잘 흘러

속맛도 좋을 거라
지레짐작 해가면서

뚝 떼어
한입 물었더니 썩은 내가 진동한다.

장마에 웃자랐나, 더위에 얼빠졌나

선거철 공약公約처럼 달콤한 모양새로

사람을 속이는 전술 야바위를 뺨친다.

*금싸라기: 노란 참외를 일컫는 말

현장 취재

광대 같은 구태들이
난장 이룬 여의 벌에

느닷없는 돌개바람
미친 듯이 몰아친다.

한 치 앞 볼 수 없도록 흙먼지를 일으키며.

낙엽은 낙엽끼리 청엽은 청엽끼리

서로 살겠다고 아수라를 이룬 거기

돌풍은 휘몰아쳐도 쓰레기는 그대로다.

우크라이나

참담한 폐허에서
넋을 잃은 해바라기

부서진 벽돌 조각 파헤치는 그 손끝에

와 닿는
절망을 잡고 통곡하는 꽃이여.

흑구름 몰려와서
죽음의 관을 짤 때

터지는 비명 소리 청천晴天을 찢고 간다.

언제쯤
눈물을 거두어 쌍무지개 띄우려나.

홍수

참담하게 허물어진 폐허를 딛고 서서
찢어진 민초들이 진흙 펄을 쓸어낸다.
무너진 하늘 한쪽을 가을볕에 내다 놓고.

부패한 쓰레기가 산을 이룬 도롯가에
시름을 먹고 피운 코스모스 한 송이가
장마로 겪은 시련을 온몸으로 증언한다.

생존권

유년幼年에 잡던 가재 지금도 사나 싶어
무심코 뒤집어 본 도랑의 물돌에서
한순간 깨진 평화가 흙탕물을 일으킨다.

빈집에 들어와서 대 이어 살아오다
때아닌 날벼락에 생존이 무너져서
벌레는 통곡을 들고 몸부림을 쳐댄다.

물살에 밀려가는 약자의 절규들이
내 귀를 점령하고 하루 종일 떠다닌다.
석양에 지는 노을도 울분으로 붉게 타나.

고향에서

어머니 품속 같던 고향엘 내려가니
타향이 들어와서 전설을 대신 쓰네.
새로 난 고속도로를 머리 위에 이고서.

논밭의 곡식마저 개명을 하였는지
정겨운 옛 이름은 '촌스럽다' 다 버리고
뜻 모를 낯선 이름에 꼬인 혀가 얹혀산다.

오솔길 따라 피던 순이의 눈웃음이
세월은 흘렀어도 흔적 하나 숨겼을까
가던 길 잠시 멈추고 마른 풀숲 헤쳐 본다.

뿌리

1. 뿌리

족보를 펼쳐놓고 내 뼈를 더듬다가
치악산 하늘에 뜬 신라의 달을 따라
밤새워 가 닿은 곳은 천년 고도 계림이다.

2. 귀래에 터를 잡고

가솔을 달래가며 대를 이어 가 닿은 곳
귀먹은 청산 홀로 계곡물에 몸을 씻고
사계를 흰 구름 더불어 온갖 꽃이 피고 진다.

쟁기 멘 누렁소가 헉헉대던 비탈밭에
파묻힌 산새 소리 허옇게 뒤집힌 날
눈물로 사태 진 골을 등에 지고 떠나간다.

3. 여주는 제2 고향

여강을 따라 흘러 뱃머리가 닿은 곳은
배 볼록한 어린애를 키워낸 문장리다
새 뿌리 내리기까지 피눈물이 사태 진 땅.